PHALANTE.

TRAGEDIE
de Gauttier de Coster
DE Mr. DE LA CALPRENEDE.

A PARIS,
Chez ANTOINE DE SOMMAVILLE, au Palais
en la Galerie des Merciers, à l'Ecu de France.

M. DC. XLII.

EXTRAICT DV PRIVILEGE DV ROY.

PAr grace & Priuilege du Roy, en datte du 3. jour de May 1641. signé par le Roy, en son Conseil le Brun, Il est permis à ANTOINE DE SOMMAVILLE Marchand Libraire à Paris, d'Imprimer ou faire imprimer vne piece de Theatre intitulée PHALANTE TRAGEDIE, & ce durant le temps de cinq ans. Et deffence sont faictes à tous autres de quelque qualité & condition qu'ils soient d'en vendre d'autres que de celle qu'aura faict imprimer ledit de Sommauille, sur les peines portées par lesdites lettres.

Acheué d'imprimer le 12. Nouembre, 1641.

ACTEVRS.

HELENE, Reyne de Corinthe.
PHALANTE, Prince estranger.
PHILOXENE, Prince de Corinthe.
TIMANDRE, Pere de Philoxene
CLEOMEDE, Seigneur de Corinthe.
ARATE, Seigneur de Corinthe.
ARBANTE, Confident de Phalante.
CLEONE, } Demoiselles de la Reyne.
AMINTE,

PHALANTE
TRAGEDIE

ACTE I.
SCENE PREMIERE,

PHILOXENE, HELENE dans sa chambre.

PHILOXENE.

ES regards enflammés que lancent vos
    beaus yeus,
Ne sont que des esclairs pour cet au-
    dacieus,
Et sa presomption a merité la foudre,
Dont ils s'arment desia pour le reduire en poudre.

PHALANTE.

Ouy, Madame, il est iuste, & vostre Majesté
Me doit enfin punir de ma temerité ;
I'abuse insolemment des bontés de ma Reine,
Du respect qu'vn vassal doit à sa Souueraine,
Et dans ma passion ie ne recognoy pas,
Et combien elle est haute, & combien ie suis bas.
Mon audace a rendu ma faute irremissible,
Ma flamme est criminelle en tant qu'elle est visible,
Aussi n'ay-je peché qu'en vous la descouurant,
Et ie deuois mourir, & me taire en mourant :
Mais quelque passion qui rompe mon silence,
Ne m'en accusez point, on me fait violence,
Et ce Tyran des Dieux, d'vn insolent pouuoir,
Dans mon aueuglement estouffe mon deuoir,
Ma passion l'emporte auec trop d'auantage,
Et ceux à qui vos yeux laissent encor l'vsage,
Et de la cognoissance & du raisonnement,
Quelques prudens qu'ils soient, manquent de iu-
  gement,
Si l'on brusloit pour vous d'vne flamme commune.

HELENE.

Philoxene il suffit, ce discours m'importune,
Lassés-vous a la fin de me persecuter,
Comme ma patience est lasse d'escouter.

PHILOXENE.

Si pour vous adorer i'ay pû commettre vn crime,

TRAGEDIE

J'ay failly,

HELENE.

Ce n'est pas que ie ne vous estime
Philoxene ie sçay ce que vous meritez
Et pour vostre naissance & pour vos qualitez,
Mais quelques sentimens que l'estime me donne
Vostre amour me desplaist plus que vostre personne,
Et ie vous rediray puisque vous m'y forcés,
Que vous deués guerir si vous vous cognoissés.

PHILOXENE.

Ie me cognois Madame, & ceste amour extréme,
Qui m'a presque en naissant detaché de moy-mesme,
Ne m'aueugle pas tant, que pour comble d'ennuys
Ie ne puisse iuger qui j'ayme & qui ie suis,
Si de vous adorer la gloire est interdite,
A ceux que la grandeur, le sang & le merite,
Ne rendent point egaux à vostre Majesté,
Qui se pourra vanter de l'auoir merité ?
Mais si par les ardeurs d'vne flame eternelle
Par vn profond respect, par vn feu plein de zele,
Par des preuues d'amour, de constance & de foy,
On le peut esperer, qui le doit mieux que moy ?
Tousiours vos volontés ont fait mes destinées,
Ie vous ay dedié mes premieres années.
Naissant ie vous seruis, & les Dieux sont tesmoins
Que le Sceptre à vos loix m'assujetit le moins,

A ij

PHALANTE,

Que mon cœur asseruy du plus bas de mon âge,
Sans contrainte à vos pieds rēdit vn double hōmage,
Et ne mesla iamais dans ses sainctes ardeurs,
A l'interest d'amour l'interest des grandeurs:
Ie fus deux fois subject, vous deux fois Soueueraine,
Et viuant auec gloire, esclaue de ma Reyne,
I'eus dés vos jeunes ans, esleué pres de vous,
Et des bon-heurs plus grands, & des momens plus dous.
Vous excusiez pour lors ma passion naissante,
Qui vous entretenoit d'vn amour innocente,
Vostre esprit jeune encor differoit mon trespas,
Et me pleignoit d'vn mal qu'il ne cognoissoit pas.
Mais helas! que le Ciel a mis de difference
A la suitte d'vn bien si grand dans sa naissance?
Mon cœur ne changea point, mais le vostre changea,
Si-tost que sous vos loix Corinthe se rangea:
Quand vostre dignité s'accrut auec vostre aage,
Et que la majesté qui brille en ce visage,
Receut d'vne couronne vn esclat tout nouueau,
Toute mon esperance entra dans le tombeau,
Vous ne cogneustes plus le pauure Philoxene,
Son amour seulement fit naistre vostre haine,
Et ce ressentiment qui vous peut animer
Ne vous le fait haïr que pour vous trop aymer.

HELENE.

Si ie vous haïssois autant que vous le dites,
Ie me garantirois de toutes vos visites.

TRAGEDIE.

Et ne preferant point vostre repos au mien,
Ie me deliurerois d'vn facheux entretien,
Suffit que ie vous soufre & que trop indulgente,

SCENE II.

CLEONE, HELENE, PHILOXENE, VN HVISSIER.

CLEONE.

Madame, quelqu'vn vient.

HVISSIER.

C'est le Prince Phalante

HELENE.

Qu'il entre, le cruel reuient pour m'affliger,
Mais non pas pour me plaindre ou pour me soulager,
Ah! l'ingrat, le voicy, cache vn peu ta foiblesse.

PHILOXENE.

Qu'il arriue à propos, cher amy ie vous laisse,
Ma vie est en vos mains & i'attens tout de vous.

A iij

SCENE III.

HELENE, PHALANTE.

HELENE.

Depuis que vos malheurs sont des bon-heurs pour nous,
Et que nous benissons le succés de ces guerres,
Qui pour nous visiter vous font quitter vos terres,
Treuuez vous parmy nous vn diuertissement
Qui puisse soulager vostre bannissement,
Car apres les grandeurs qu'il eust dans sa prouince,
Ma Cour est vn exil pour vn si braue Prince.
Mais pourtant vn exil qui peut estre adoucy,
Par l'absolu pouuoir que vous auez icy.

PHALANTE.

Madame, vos bontez sont pour moy sans limites
Et m'ayant honoré par dessus mes merites,
Vos faueurs ne m'ont fait tort, m'ayant mis en estat,
Ou de mourir pour vous, ou de mourir ingrat, (re
Que peut vn mal-heureux que les Dieux & la guer-
Font errer fugitif de sa natale terre?
Et qui deuoit perir si vostre Majesté
N'eut soulagé sa perte auec tant de bonté.
Certes de tous les maux dont le Ciel persecute

TRAGEDIE.

Celuy que son courroux semble auoir pris en butte,
La plus viue douleur qu'il pouuoit receuoir,
C'est de vous deuoir tant & de ne rien pouuoir :
Vous auez releué ma dignité panchante,
Recueilly les debris de ma fortune errante,
Et par mille faueurs & par mille bien-faits
Vous m'auez mis plus haut que ie ne fus iamais,
Aussi de quelque aigreur dont la fortune auerse
Dans mes plus beaux desseins sans cesse me trauerse,
Ie la voudrois benir & tous mes ennemis,
De l'estat glorieux où leur rage m'a mis.
Si de tant de bon-heur dont vous estes la source,
Vn sensible regret ne trauersoit la course,
Vn regret qui me tuë, & qui fera perir,
Ce qu'en vain vos bontez ont daigné secourir ;
Pardonnez vn discours que la douleur arrache.

HELENE.

Ce n'est pas tout Phalante, il faut que ie le sçache,
Et si par mon credit il se peut soulager,
Ie ne refuse rien qui vous puisse obliger,
Souffrez ma confidence, & receuez mon ayde.

PHALANTE.

De vous seule depend le mal & le remede
Et vostre charité du tombeau tirera
Et l'amy qui se meurt, & l'amy qui mourra.
Ce n'est pas d'auiourd'huy que ma bouche importune

PHALANTE.

Regrette à vos genous sa mauuaise fortune,
Et qu'affligé d'vn mal que ie souffre à demy,
Ie demande à vos pieds le salut d'vn amy.
Certes si la pitié peut attendrir vne ame,
Et si quelque rayon de la plus belle flame,
Dont le cœur d'vn amant fut iamais embrasé,
Peut toucher de son mal celle qui l'a causé,
Vous estes obligée à soulager la peine
Qu'on voit souffrir pour vous au pauure Philoxene.
Iamais cœur ne brusla dans vn si grand respect,
Et bien que l'amitié me peut rendre suspect,
I'atteste des grands Dieux la puissance supréme
Que iamais vn mortel n'ayma comme il vous ayme :
C'est de ceste pitié que naissent tous mes soins,
Et cet estroit lien dõt nos esprits sont joints. (me face
Quelque bien, quelque mal, quelque honneur qu'on
M'a rendu mal-heureux dans sa seule disgrace.

HELENE.

Belle & digne amitié d'vn cœur si genereus,
Que dans tous les malheurs Philoxene est heureus,
D'auoir fait vn amy dont la vertu trop haute,
Compatit à ses maus, & souffre pour sa faute.
Mais puis qu'vne si forte & si rare amitié,
Vous a pour son malheur donné quelque pitié,
Et que vous ressentez la peine qu'il merite,
Pour son ambition trop douce & trop petite,
Donnez luy desormais le conseil de guerir,

Puis-

TRAGEDIE.

Puis que ce cœur ingrat ne le peut secourir.
C'est, quoy que son erreur luy face encor pretendre,
L'office le meilleur que vous luy puissiez rendre;
Il vous croira sans doute, & par raisonnement
Il se retirera de son aueuglement:
Employez-y vos soins.

PHALANTE.

     O ciel! est-il possible
Qu'à tant de passion vostre cœur insensible
A cét Amant fidele ordonne le trespas,
Puis que sans ce remede il ne guerira pas?
Ceux qui peuuent sentir les atteintes mortelles
Dont vos yeux ont blessé les ames les plus belles,
Quoy que fassent pour eux le temps & la raison,
Dans la mort seulement treuuent leur guerison:
Certes si vous pouuiez sans mépris ou sans haine
Considerer les maux du pauure Philoxene.
Et voir le triste estat où vous l'auez reduit
Depuis qu'il vous adore auec si peu de fruit,
Vous verriez qu'vn conseil d'vne telle nature,
Au lieu de l'adoucir aigriroit sa blessure.
Helas combien de fois pasle & sans mouuement,
Ses yeux deuers le ciel esleuez lentement,
Ses yeux à qui des pleurs la course continuë,
Auroit presque rauy l'vsage de la veuë,
L'ay-je veu demander pour vn dernier secours
La fin de vos rigueurs dans la fin de ses jours?

B

Il est vray, ses douleurs faisoient naistre les miennes,
Mes larmes, ie l'auoüe, accompagnoient les siennes,
Mon ame par pitié blâmoit vostre rigueur,
Et ses ardans souspirs me touchoiët jusqu'au cœur.
Ce fut cette pitié qui me fit temeraire,
Et bien que le respect m'obligeât à me taire,
Cette compassion me le fit violer,
Et pour le secourir me força de parler,
Mais Dieux! que mes discours ont eu peu d'eficace,
Mes importunitez augmentent sa disgrace,
Et redoublent le mal qui l'accable aujourd'huy,
Parce qu'vn mal-heureux intercede pour luy.

HELENE.

Faut-il que ce discours si viuement me touche,
Et que pour Philoxene il sorte de sa bouche :
O Dieux! qui l'escoutez, puis qu'il s'adresse à moy,
Que ne permettez-vous qu'il le fasse pour soy ?
Mais c'est trop endurer, haste ta destinée,
Force ce dur silence où tu t'es condamnée,
Et puis que ton brasier ne se peut plus cacher
Esprouue la bonté d'vn ennemy si cher,
Il n'est point insensible, & ce visage aymable
N'est point sorty des flancs d'vne ourse impitoyable,
S'il n'est plus endurcy qu'vn tronc ou qu'vn rocher:
Tes yeux ont des attraits qui le pourront toucher,
Force cette pudeur qui te fait violence.
Ah! pardon, ma vertu,

TRAGEDIE.
PHALANTE.

La princesse balance,
Sans doute mes discours auront fait quelque fruit.
Ah! cruauté du ciel où m'auez vous reduit?
Faut-il que ie poursuiue auecque tant d'enuie,
Dans le bien d'vn amy la perte de ma vie?
Que ie donne vainqueur ma vie à l'amitié,
Ou que n'obtenant rien ie meure de pitié.

HELENE.

Ma vertu, ma pudeur, mon action vous blesse,
Mais à ma passion pardonnez ma foiblesse,
Ma flame est innocente & n'a point de penser,
Pure & chaste qu'elle est, qui vous puisse offenser,
Ie peche seulement contre la bien-seance,
Et ne vous choque point qu'en forçant le silence.
Phalante, pardonnez mon inciuilité
Aux mouuemens diuers d'vn esprit agité;
Mon ame dans l'estat où vous l'auez reduite,
Par les puissants efforts d'vne ardante poursuite,
Faisoit reflexion à tant de qualitez,
Et d'actes de vertu dont vous nous enchantez:
Et certes Philoxene a bien plus d'auantage
Ayant receu du ciel ce glorieux partage,
D'vn amy vertueux & braue comme vous,
Que ie n'en ay d'vn Sceptre, & d'vn regne assez
 doux.

PHALANTE.

Aussi vostre merite & ce que ie desire,
Au vouloir d'vn amy dont la vertu m'est chere,
Produiroient dans mon cœur de plus puissans effets,
Que son affection n'en produira jamais:
Si mon ame desia n'estoit préoccupée,
Et si le coup mortel dont ie la sens frappée,
Me laissoit de mon cœur disposer vn moment,
Afin de satisfaire vn amy si charmant;
Helas! j'en ay trop dit, & vous pouuez connoistre,
Ce que ma passion malgré moy fait paroistre,
Espargnez à ma honte vne confession,
Que ie ne vous feray qu'à ma confusion:
Car bien que mon esprit soit sans tache & sans crime,
Cette viue couleur que la pudeur imprime
Sur mon front innocent, m'a desia reproché,
Qu'il en falloit rougir ainsi que d'vn peché:
En fin Phalante, i'ayme, ô Dieu! ce mot me tuë.

PHALANTE.

Doncques pour mon amy l'esperance est perduë
Quoy vous aymez Madame, & son zele & sa foy.

HELENE.

Croyez que son repos ne depend plus de moy,
Et confessez aussi qu'en cette confidence,
Philoxene tesmoigne vne haute imprudence:
Pour gaigner sur mon cœur beaucoup plus qu'il n'a
 fait,

TRAGEDIE.

Il se deuoit passer d'vn amy si parfait,
Raisonner dans ce choix s'il en estoit capable,
Iuger qui de vous deux estoit le plus aymable,
Et pour donner l'employ qu'il vous donne aujour-
　　d'huy,
Prendre vn intercesseur qui le fut moins que luy.
O Dieux! ma honte icy n'est que trop manifeste,
Phalante i'en dis trop, dispensez moy du reste,
Et ne me forcez point contre ce que ie doy,
A vous faire vn adueu trop indigne de moy :
Lisez-le dans mes yeux & dessus mon visage,
Ils ne parlent que trop à mon desaduantage :
Ils sont assez changez par la honte qu'ils ont,
Et paroissent confus de l'office qu'ils font.

PHALANTE.

O Dieux! que deuiendray-je? ah! Madame.

HELENE.

　　　　　　　　　　　　　　　De grace,
Dequoy que mon destin me flatte ou me menace,
Faites reflection encore vn peu de temps,
Auant que prononcer l'arrest que i'en attends.
Et que pour mon repos vostre bonté permette,
Qu'apres ce grand effort mon ame se remette :
Elle est toute troublée en cette extremité,
Adieu pardonnez-moy cette inciuilité.

SCENE IV.

HELENE. AMINTE.

HELENE.

Restes d'une pudeur laschement offensée,
Dignité de mon Sceptre indignement bleßée,
Manes de mes parens, noble suite d'ayeux,
De qui l'illustre sang sortit du sang des Dieux,
Vous que i'offence tous d'une mortelle injure,
Pardonnez-moy ma faute, amour vous en conjure,
Et cet Imperieux par son authorité
La veut rendre excusable à la posterité.
I'ay peché par contrainte, & mon ame esperduë,
Auant que de ceder s'est long-temps defenduë.
Ma vertu mille fois m'a mis deuant les yeux,
Le soin de mon honneur, mon rang & mes ayeux,
M'a cent fois remonstré le tort irreparable
Que mon sang receuoit d'un feu si condamnable,
Que ma faute outrageoit les viuans & les morts,
Et contre ce Tyran a fait de vains efforts.
O pretexte honteux dont mon ame s'abuse,
I'ay failly, j'ay failly, mon front mesme m'accuse.
Si ie n'estois coupable, il ne rougiroit point,
Vous, que ma passion outrage au dernier poinct,

TRAGEDIE.

Honneur, couronne, ayeux, n'excusez plus ma faute,
Ie devois maintenir cette Majesté haute,
Conserver l'asseurance à ce front couronné,
Et mourir dans le rang que vous m'avez donné,
Ie devois estouffer vne naissante flame,
Et si le ciel jaloux ne me pourueut d'vne ame
Digne de ma naissance & du rang que ie tiens,
Pour refuser vn joug & d'indignes liens,
Ie devois pour le moins me faire violence,
Cacher vn feu honteux, mourir dans mon silence,
Et m'arracher plustost ce vil & lasche cœur,
Qu'implorer la mercy d'vn insolent vainqueur :
Que sçay-je si desia cette estrange ouuerture
Aura fait à ma gloire vne mortelle injure ?
Si l'ingrat l'a receuë auecque du mespris,
Et si sans le combat il dedaigne le prix,
Peut estre que desia tes flames importunes
Passent dans son esprit pour ses moindres fortunes,
Et qu'il conte vne Reyne entre mille beautés,
De qui la passion flatte ses vanités :
Ah ! si tu soupirois pour vn mal volontaire,
Helene tu devois ou mourir ou le taire :
Estaindre pour iamais, ou cacher ton flambeau,
Et ne le pouuant plus l'estouffer au tombeau.
O protecteur des Roys & Demon tutelaire,
Et vous grand Dieu des mers que Corinthe reuere,
Vous qui luy fistes voye, & vistes ses vaisseaux
Errans & vagabonds sur le front de vos eaux,

PHALANTE,

Pourquoy pour le salut de cette infortunée,
N'auez-vous de nos bords destourné cét Enée,
Qui desia dans mon ame à ma confusion,
Allume vn plus grand feu que celui d'Ilion.
Si ie deuois brusler pourquoy dedans son ame
N'allumiez-vous de mesme.

AMINTE.

Esperez-le Madame,
Bannissez cette crainte, & recognoissez mieux,
Cet amour qui triomphe & brille dans vos yeux:
Si l'on n'en doit iuger que selon l'apparance,

HELENE.

Dans cette affection i'ay bien peu d'esperance:
Et j'ay d'vn mal prochain cent presages mauuais:
Cent tristes visions, cent songes que i'ay faits,
Menacent cest amour d'vne funeste issuë,
Grãds Dieux si dans ma peur ie ne suis point deceuë,
Et si vous haissez vn feu qui me fait tort,
Enuoyez moy bien-tost le remede ou la mort.

ACTE

ACTE II.

SCENE PREMIERE.

TIMANDRE, PHALANTE, PHILOXENE.

TIMANDRE.

NOVS serions trop ingrats à tant de bons
   offices,
Dont vous auez desia preuenu nos ser-
   uices,
Si nous ne vous pressions pour apprendre de vous
La cause d'vn chagrin qui nous afflige tous,
Vous estes tout changé d'humeur & de visage,
Et ie cognois trop bien ce genereux courage,
Qui s'est tousiours muny d'vne haute vertu,
Et que tant de reuers ont en vain combatu,
Pour craindre que des maux de si peu d'importance,
En puissent esbranler l'inuincible constance:
Si des rebellions ont troublé vostre Estat,
                                C

PHALANTE,

Si vous auez perdu vostre premier estat,
Et s'il vous faut ceder au malheur d'vne guerre,
Qui vous fait esloigner de vostre ingrate terre:
Pour le moins vostre sort me paroist assez doux
Dans le port asseuré qu'il vous offre chez nous
Icy tout vous adore & jamais autre prince,
Ne fut plus reueré dans sa propre prouince,
Vostre vertu d'abord à produit mille effets,
Vous a gaigné des cœurs, vous a fait des subjets
Vous a fait surmonter & l'enuie & la haine,
Et vous a si bien mis dans l'esprit de la Reyne,
Que pour cette bonté qui les oblige tous,
Les Princes du pays n'ont plus recours qu'à vous;
Mesmes vos interests l'ont si fort animée,
Qu'elle rompt l'alliance, & forme vn corps d'armée:
Vous donnant le secours qu'elle vous a promis,
Pour vous aller seruir contre vos ennemis.
Phalante ces raisons me font assez cognoistre,
Que ce nouueau chagrin que vos yeux font paroistre,
Et la viue douleur qui vous change à ce poinct,
Ont quelque autre subjet que nous ne sçauons point.
Si l'amitié jurée, & quelque experience,
Ont merité l'honneur de vostre confidence,
Ne dissimulez plus à des amis discrets,
Vos soings plus importans, & vos maux plus secrets.

PHILOXENE.

Quelques vaines raisons que sa froideur m'oppose,

TRAGEDIE.

Si Phalante pouuoit me cacher quelque chose,
I'aurois subjet de plainte, & croirois desormais,
N'en estant plus aymé qu'il ne m'ayma jamais.
Ie vous coniure donc par toute la franchise,
Et toute l'amitié que vous m'auez promise,
De ne me cacher plus ce qui me fait mourir,
Et pour vous soulager s'il ne faut que perir,
S'il ne faut prodiguer que mon sang & ma vie,
Soyés tres-asseuré que i'en brusle d'enuie,
Et que pour vous seruir i'embrasseray la mort.

PHALANTE.

C'est assez, cher amy, ce penser me fait tort :
Et vous auez blessé l'amitié qui nous lie
En souffrant ce soupçon de ma melancholie,
Mon cœur vous est ouuert les Dieux m'en sont tes-
    moings :
Mais c'est vostre malheur qui causeras mes soings,
Vostre seul desplaisir fait naistre ma tristesse,
Et dans vos passions mon ame s'interesse,
Et ressent vos ennuys auec tant de douleur
Que vos moindres soucis me touchent iusqu'au cœur,
Ie meurs du desplaisir de vous estre inutile,
De prier vainement vn esprit indocile ;
Et de voir qu'en l'estat où vous estes reduit
I'intercede pour vous auec si peu de fruit ;
Si la Reyne agreoit vos fideles seruices,
Mon ame en vous seruant gousteroit ses delices,

C ij

PHALANTE,

Et preferant ainsi vos interests aux miens,
Elle oublieroit ses maux pour ressentir vos biens:
De tous mes desplaisirs voila la seule cause,
Pour m'affliger si fort mes maux sont peu de chose,
Et ie n'ay ressenty que des coups bien legers,
En perdant des honneurs & des biens passagers:
Quoy qu'ayt fait contre moy la fortune outrageuse
La mienne aupres de vous est trop auantageuse,
J'aime trop Philoxene & l'amitié des siens
Pour regretter encor la perte de mes biens:
Ce lien qui nous joint d'vne amitié parfaite
A de tant de bon-heur honoré ma retraite,
Que ie croirois mon sort plus heureux que jamais,
Si pour vous le bon-heur secondoit mes souhaits,
Et si de vos malheurs mon ame combatuë,
Ne ressentoit pour vous,

PHILOXENE.

     Ah! ce discours me tuë:
Iuste ciel falloit-il pour comble de douleur,
Qu'vn innocent amy partageât mon malheur,
Et que n'ayans qu'vn cœur & qu'vne ame com-
  mune,
Nous ne deussions auoir qu'vne mesme fortune?
Certes, de tous les coups de mon sort rigoureux
C'est là le plus sensible & le plus douloureux,
Et mon mal ne pouuoit venir au poinct extreme,
Qu'en se communiquant à cet autre moy-mesme.

TRAGEDIE.

Malheureux Philoxene, Amant infortuné,
Regarde à quelle fin le ciel t'a destiné,
Voy de quelle rigueur sa cholere t'accable,
Il fait de ta misere un autre miserable :
Et punit de ta faute un innocent amy,
Pour voir perir un tout qui souffroit à demy.
Ah ! Phalante, c'est trop, & ie hay trop ma vie,
Dans les maux eternels dont ie la voy suiuie,
Pour souhaitter encor qu'elle dure à ce prix,
Laissons, laissons Helene auecque ses mépris :
S'ils ne m'ont pû guerir que la mort m'en deliure,
Mon amour l'importune & ie suis las de viure.
Philoxene au tombeau n'importunera plus
La Reyne & son amy par des soins superflus,
Et le profond repos qu'il goustera luy-mesme,
Dans un mesme repos mettra tout ce qu'il ayme.

TIMANDRE.

La Reyne le méprise auec peu de raison,
Elle doit mieux traitter une illustre maison :
Et juger quelque rang qu'un changement nous donne,
Qu'autrefois nos ayeulx ont porté sa couronne,
Ie suis subjet, mais Prince, & son pere en mourant
Fit de nostre maison un cas bien different,
Et mettant en mes mains son Sceptre & sa famille,
Il me nomma Regent & Tuteur de sa fille :
Quelque faiste d'honneur où ie fusse monté,

C iij

PHALANTE,

Ie n'abusay jamais de cette authorité.
Ie pouuois au despens d'une foible jeunesse,
Agrandir ma maison des biens que ie luy laisse:
Et me rendre si grand qu'elle eut bien souhaitté,
Celuy qu'elle rejette auec indignité,
Mais le ciel m'est tesmoin qu'ē ma charge importune,
Ie ne consideray ny moy ny ma fortune:
Et quoy que ce pays deust beaucoup à mes soins,
Que de tous mes voisins i'y profitay le moins,
Certes sa Majesté le deuroit mieux cognoistre
Que par ce grand mépris qu'elle nous fait paroistre
Et mieux considerer le merite & le sang,
De ceux qui dans l'Estat tiennent le premier rang.

PHALANTE.

Il m'est encor resté quelque peu d'esperance,
Qu'on la pourra gaigner par la perseuerance;
Et je croy qu'à la fin son ame se rendra,
Du moins pour vous seruir Phalante se perdra:
Et quand pour ce dessein il donneroit sa vie,
Il la croira toujours heureusement rauie,
Si le ciel luy permet de la perdre pour vous;

PHILOXENE.

O Dieu! qu'ē mes malheurs ce souuenir m'est doux,
Et que j'ay de bonheur parmy tant de disgrace,
D'auoir fait un amy,

TRAGEDIE. 23

PHALANTE.

Souffrez que ie vous chasse :
Adieu laissez moy seul y reuer vn moment,
Vous trouuerez la Reyne en son appartement.

SCENE II.

ARBANTE, PHALANTE.

ARBANTE.

SEigneur de quelque soing que vostre ame agitée,
Déguise la douleur dont elle est tourmentée,
Ie voy bien au trauers de ce déguisement,
Ce qu'à ma passion vous cachez vainement.
Pardonnez-moy Seigneur, si ie vous importune,
Mais vous n'aurez jamais de mauuaise fortune :
Que mon affection ne ressente auec vous,
Si pour s'en décharger vn mal deuient plus doux,
Et si vous conseruez encor quelque memoire,
D'vne fidelité qui fut toute ma gloire,
Recompensez Seigneur, ces preuues de ma foy.

PHALANTE.

Ie n'ay rien à te dire, Arbante laisse moy,

SCENE III.

PHALANTE seul.

ENfin ie reste seul, & cette ingrate flame,
Qui sans aucun espoir tirannise mon ame,
Peut enfin éclater à la clarté de cieux,
Chers tesmoins de mon mal, tristes & sombres lieux,
Vous que i'ay seuls jugez capables d'vn silence,
Digne de mon secret & de ma confidence:
Puis qu'à vous seulement i'évente mes regrets,
De grace en ma faueur soyez tousjours secrets;
Et ne parlez jamais de ce malheur extreme,
Que mon ame a regret d'aüoer à soy-mesme.
Ciel qui penetrez seul mes plus cachez ennuis,
Vis-tu jamais vn homme en l'estat où ie suis?
Et toy, dont les rayons esclairent tout le monde,
Cognois-tu de fortune à la mienne seconde?
Dans l'estat deplorable où mon destin m'a mis,
Ie suis le plus cruel de tous mes ennemis.
I'ayme, & ie suis aymé, mais mon malheur extreme
Me vient de mon amour, me vient de ce qu'on m'ayme,
Et ie ne serois pas malheureux à ce point
Si l'on ne m'aymois pas & si ie n'aymois point.

L'amitié

TRAGEDIE.

L'amitié m'a reduit à ce point de misere,
Que dans ma passion j'ay plus que ie n'espere:
Mais me sacrifiant pour le salut d'autruy,
I'ay ce que ie souhaitte, & i'ay ce que ie fuy:
Cet amour qui déja tient mon ame captiue,
Si ie ne suis aymé ne veut pas que ie viue.
On m'ayme, & dans ce bien qui me doit conseruer
Ie rencontre la mort au lieu de me sauuer.
Ces soins où ie m'attache auecque tant d'enuie,
Seruent moins mon amy qu'ils n'attaquent ma vie,
Et faisant sur mon ame vn pitoyable effort,
En cherchant son salut ie demande ma mort.
Ah! Phalante, ennemy du salut de Phalante,
Laisse, laisse en repos ton ame languissante,
Et deuenant plus doux ne persecute plus
Phalante que tu perds par tes soins superflus.
Ce que ton amitié pour Philoxene essaye,
Ne sert point ton amy, mais rengrege ta playe,
Et t'animant toy-mesme à te persecuter,
Tu le rends odieux au lieu de l'assister.
Les interests d'autruy deffendent-ils les nostres,
Et se doit-on haïr pour bien aymer les austres?
Ton amy satisfait des preuues de ta foy,
Ne peux-tu pas auoir quelque amitié pour toy?
Puis que tous ses deuoirs ne touchent point la Reyne,
Et que pour son repos ton assistance est vaine,
Pourquoy ton amitié s'obstine desormais
Sans fruit & sans espoir de le seruir jamais?

D

Crains-tu que ton amy luy-mesme ne t'excuse,
Qu'il ne te cede point vn bien qu'on luy refuse,
Et qu'il ne soit content de te voir posseder
Ce que ton amitié ne luy peut accorder.
Ah ! pardon, amitié mortellement blessee,
Vne si criminelle & si lasche pensée,
Quoy que ma passion pour elle ait combatu,
Est indigne d'vn Prince & dément ma vertu:
Lascheté qui me tuë & qui me deshonore,
Quoy tu pourras trahir vn amy qui t'adore,
Et sans considerer ta vie & ton honneur,
Tu pourras sur sa perte establir ton bon-heur?
Donc ce fidele amy n'aura dans ta retraitte,
Honoré ton abord d'vne amitié parfaitte,
Et sans autre interest que de l'affection,
N'aura pris tant de part dans ton affliction,
Doncques dans ton malheur & le fils & le pere,
N'auront de tous leurs biens assisté ta misere,
T'honorans côme vn Dieu dans leur propre maison,
Que pour se voir payez par vne trahison:
O de tant de bien-faits indigne recompense !
Beaux effets de tes soins & de ton assistance,
C'est ce qu'il attendoit de tes nobles desseins,
Lors qu'il mit l'innocent, sa vie entre tes mains,
Et qu'il t'ouurit son ame auec tant de franchise,
Sur l'espoir deceuant d'vne amitié promise,
Il reste seulement que de ta propre main,
Sans aucune pitié tu luy perces le sein,

TRAGEDIE.

Et portes dans son cœur mille atteintes mortelles,
Pour suiure en liberté tes flames criminelles.
C'est le plus doux pour luy, car enfin n'attends pas
Qu'il en puisse estre quitte à moins que du trespas;
Que se voyant trahy par vn autre soy-mesme,
Que voyant à ses yeux enleuer ce qu'il ayme:
Quoy que sa vertu fasse auec tous ses efforts,
Ce malheureux Amant ne souffre mille morts.
Ah! ne reuenez plus lâche, lâche pensée,
Fuyez d'vne vertu que vous auez blessée:
L'amour & Philoxene ont partagé mon cœur,
Mais l'amour est vaincu, Philoxene vainqueur,
L'amour seul est trop foible, & quoy qu'il me prepare,
Enfin pour mon amy ma vertu se declare:
Il est assez puissant l'ayant de son party,
Ce que ma passion peut contre mon amy,
Malgré sa violence, & son pouuoir supreme,
Ma vertu qui le sert le fait contre elle-mesme:
Philoxene reuien, amy tu m'as vaincu,
Et si pour ton repos j'ay desia trop vescu,
Si ma presence nuit à ta bonne fortune,
Ie sçauray retrancher vne vie importune,
Auant que mon amour t'oblige à me haïr,
Et que ce mesme amour me force à te trahir.
Mais j'apperçois la Reyne, ô rencontre cruelle!
Que dois-je deuenir, dois-je m'esloigner d'elle?
Euite son abord, fuy miserable fuy.

D ij

SCENE IV.

HELENE, CLEONE, PHALANTE.

HELENE.

Ne vois-je pas Phalante ?

CLEONE.

Oüy Madame, c'est luy.

PHALANTE.

Mais ie suis découuert, ah ! deffends toy, mon ame,
Arme toy de vertu, cache, cache ta flame,
Et ne relâche point de tes premiers desseins.

HELENE.

Quoy tu trembles mõ cœur ! quoy mon ame tu crains !
Et sembles redouter la mortelle sentence :
Mais le voicy l'ingrat, arme toy de constance.

PHALANTE.

Ie craignois d'approcher de vostre Majesté,
Et m'allois retirer dans ce bois escarté,
Pour n'interrompre point vos secrettes pensees.

HELENE.

Ah! Phalante, à vous seul elles sont adressees,
Et si la solitude a pour moy rien de doux,
Ie l'ayme seulement pour mieux songer à vous.
Depuis que pour vous seul mon esprit est malade,
Ie gouste des douceurs dans cette promenade,
Qui me font oublier le soing de mes estats,
Pour trouuer du repos loing de tant d'embarras,
C'est icy que ie cherche à resuer & me plaindre,
Et ce n'est que pour vous, il n'est plus temps de fein-
dre.
I'ay tout franchy Phalante, & ie vous ay fait voir,
Malgré l'honneur du sexe, & malgré mon deuoir,
Forçant mon naturel, mon silence & ma crainte,
De quelle passion mon ame estoit atteinte:
Ie n'en ay que trop dit, & quelque affection
Qui puisse anthoriser vne indigne action,
Ie deuois conseruer ce pouuoir sur mon ame,
De souffrir sans parler, ou de mourir sans blâme:
I'ay fait vne basse indigne de mon rang,
Qui blesse ma beauté, mon courage & mon sang,
Et vous donne sans doute vne injuste croyance,
D'vne facilité dont ma vertu s'offence.
Mais si vous le pouuez apres l'impression
Qu'aura fait sur vostre ame vne telle action,
Ne souffrez point de grace vn penser qui m'outrage,
Et ne soupçonnez rien à mon desauantage,

D iij

PHALANTE,

Ie vous ayme, & mon mal vous est assez connu:
Mais à quelque degré qu'il soit déja venu,
Quelque transport estrange, & quelque violence,
Qui contre mon deuoir ayt rompu mon silence,
La plus haute vertu ne se peut offencer,
De mon plus criminel & plus lasche penser,
Et ie puis esperer sans reproche & sans blâme,
Le remede du mal, & le repos de l'ame:
Estant si bien instruit de mon intention,
Que ne respondez-vous à mon affection,
Que ne m'apprenez-vous ce que i'en puis attendre,
Vostre silence, ô Dieux! me le fait trop comprendre,
Vous en estes confus, vous rougissez pour moy,
Et ce discours muët m'apprend ce que ie doy.

PHALANTE.

Que vostre Majesté ne trouue point estrange,
Si par vn tel discours mon visage se change,
Et si ie fais paroistre en cette occasion,
Et mon estonnement & ma confusion.
Ie suis surpris, Madame, il faut que ie l'auoüe,
Et celuy dont le Sort incessamment se ioüe,
En le precipitant dans des aduersitez,
Dont il est soulagé par vos seules bontez,
Quoy qu'il receut de vous des graces tres-insignes,
N'attēdoit pas vn biē dont les Dieux sont indignes.
Cet honneur m'ébloüit, & ie ne le reçoy,
Indigne que i'en suis que comme ie le doy.

TRAGEDIE.
Vn Dieu rechercheroit ceste bonne fortune.

CLEONE.
Arate & Cleomede.

HELENE.
O surprise importune,
Ces gardes ont failly, ie l'auois deffendu.

PHALANTE.
Helas! sans ce secours Phalante estoit perdu.

SCENE V.
HELENE. CLEOMEDE.

HELENE.
PHalante vne autre fois vous me direz le reste,
I'en attends le succez fauorable ou funeste.

CLEOMEDE.
Madame pardonnez nostre importunité,
On n'attend au conseil que vostre Majesté,
Et l'affaire qu'on traitte est assez importante
Pour diuertir vn peu,

PHALANTE,
HELENE.

Vous en serez, Phalante.

PHALANTE.

Vous me comblez d'hnoneur.

HELENE.

Venez donc auec nous.
Ie ne veux rien oüir ny resoudre sans vous.

Fin du second Acte.

ACTE

ACTE III.

SCENE PREMIERE.

PHILOXENE, CLEONE.

PHILOXENE.

A Reyne ayme Phalante.

CLEONE.

Oüy Seigneur.

PHILOXENE.

Ah ! Cleone,
Regarde la douleur que ce discours me donne,
Et si ton amitié ne me peut secourir,
Du moins n'inuente rien qui me fasse mourir:
Tu lances sur ma vie vne mortelle foudre,

E

PHALANTE,
CLEONE.

Asseurez vous, Seigneur, qu'auāt que m'y resoudre,
Ie n'ay point épargné ma peine ny mes soins,
I'ay tout ozé pour vous, les Dieux m'en sōt témoins:
Et que pour destourner le coup qui vous menace,
Ie n'ay point redouté d'encourir sa disgrace,
I'ay forcé le respect & la discretion
Pour condamner cent fois sa folle passion:
Et cent fois m'opposant à cette amour naissante,
Contre mes sentimens i'ay médit de Phalante.

PHILOXENE.

Tu m'offençois Cleone, & quoy que mon salut,

CLEONE.

Croyez qu'en mes discours j'auois vn autre but,
Et que ie trauaillois à forcer son caprice,
Qui le luy rend aymable à vostre preiudice.
Ie voulois qu'à ses yeux il parust moins parfait,
Et luy representant le tort qu'elle se fait,
D'aymer vn Estranger, & rechercher vn Prince,
Dépouillé de ses biens, chassé de sa prouince:
A qui pour tout recours il ne restoit plus rien,
Qu'vn refuge chez elle, & d'appuy que le sien.
Ie luy representois vos fideles seruices,
Le rang que vous tenez, & mille bons offices,
Que dans ses jeunes ans sa foiblesse receut,

TRAGEDIE.

Des soins de vostre pere en la charge qu'il eut:
Mais Seigneur ces discours ont redoublé sa flame,
Et cette resistance ayant picqué son ame,
Elle s'est obstinée auec trop de mépris,
Et contre la raison, & contre mes auis.

PHILOXENE.

Et Thalante,

CLEONE.

Ie croy qu'il n'est pas insensible,
Et que s'il n'est forme de nature impassible,
S'il n'a les duretez d'vn arbre ou d'vn rocher,
La Reyne a des appas qui le doiuent toucher.

PHILOXENE.

C'est assez, iuste ciel!

CLEONE.

Gardez moy le silence,
Vous me perdriez, Seigneur.

PHILOXENE.

Vy dans cette asseurance,
Et preuiens cet esprit de tes bonnes leçons,
Mais entrons, ie veux mieux éclaircir mes soupçons.

E ij

SCENE II.

PHALANTE. HELENE dans sa chambre.

PHALANTE.

Les Dieux me sont tesmoins que mon ame troublée,
De ces excez d'honneur dont vous l'auez comblée,
N'a pas si fort perdu tout son raisonnement,
Qu'il ne luy reste encore assez de jugement:
Pour cognoistre en ce point où sa gloire s'acheue,
A quel faiste d'honneur vostre bonté l'éleue,
Aussi le receuant ainsi que ie le doy,
Ce n'est pas comme vn bien trop releué pour moy:
Mais comme vne faueur dont les grandeurs supremes,
Dont les Dieux immortels sont indignes eux mesmes,
C'est là mon infortune, & c'est là que ie voy
Que la haine du ciel esclate contre moy,
Me donnant d'vn bon-heur dont il m'offre la veuë,
Vne esperance esteinte aussi-tost que conçeuë,
Sa rigueur me l'offrant me deffend d'en joüir,
Et ne me le monstrant qu'afin de m'esbloüir,

TRAGEDIE.

Par la grandeur du prix il m'en oste l'enuie,
Puis qu'il faut l'acheter par vne chere vie:
Car enfin ce tresor ne peut estre pour moy,
Qu'en blessant ma vertu, qu'en violant ma foy:
Qu'en noyant l'amitié dans vne lâche haine,
Et portant mille morts au sein de Philoxene.
Dure condition qu'il met à mon bon-heur,
N'en pouuois-je iouir sans me perdre d'honneur?
Sans faire vn parricide & souiller ma memoire,
Par vne lâcheté si sanglante & si noire,
Qu'ont fait contre le ciel deux fideles amis.
Et pourquoy maintenant ne m'est-il pas permis,
De payer les bontez d'vne si grande Reyne,
Au prix de tout mon sang, & sauuer Philoxene?
Ah! Madame, mon front exprime ma douleur,
Et vous pouuez iuger que ie parle du cœur;
Ie vous l'ouure, Madame, & dessus mon visage,
Vos yeux en peuuent voir la veritable image:
Ie ne suis point ingrat à vos rares bontez,
Ie n'ay point l'œil mauuais ny les sens hebetez,
Et de tous les costez ie voy bien l'auantage,
Dont m'accordant la veuë on me deffend l'vsage,
Mais Dieux! à quoy me sert cet insigne bon-heur,
S'il m'oste le repos, & la vie & l'honneur?
S'il faut qu'vn amy meure auant que i'en iouïsse,
Et que pour m'esleuer Philoxene perisse?
Ah! Madame, plutost par excez de bonté,
Honorez-en celuy qui l'a mieux merité,

PHALANTE,

Et puis que son repos establit mes delices,
Donnez-le à ma priere autant qu'à ses seruices :
C'est le plus grand effet de bonne volonté
Que ie puisse esperer de vostre Majesté,
Et si vostre pitié s'accorde à mon enuie,
En sauuant mon amy vous me sauuez la vie.

HELENE.

Ingrat, ce mot eschape à cette viue ardeur,
Que vous reconnoissez auec tant de froideur.
Ingrat, pouuez-vous bien vous ostiner encore
A me persecuter pour celuy que j'abhorre,
Et traiter vne Reyne auec tant de mépris,
En dedaignant vn cœur que vous seul auez pris.
Quoy mon affection est donc si peu de chose,
Qu'en faueur d'vn amy vostre soin en dispose :
Et que vous rejettez comme indigné de vous,
Vn plus digne sujet, d'vn traitement plus doux,
Vous croyez m'honorer, m'offrant à Philoxene,
Ah! i'en cognois la cause, & souffre cette peine,
Comme le juste prix d'vne facilité,
Que vous deuez traitter auec indignité.
Vostre cœur méprisant vne gloire flestrie,
Dedaigne iustement vne Amante qui prie,
Et par ce traitement m'enseignant mon deuoir,
A la honte pour moy que ie deuois auoir
I'ay failly, ie l'aucüe, & puis que ma foiblesse
N'auoit peu resister à ce coup qui me blesse,

Et qu'vn Dieu trop puissant me côtraignit d'aymer,
Ma flame pour le moins me deuoit consommer.
Ouy ie deuois sans doute ou mourir ou me taire:
Mais puis que mon mal-heur fut vn mal necessaire,
Et que malgré mon rang, mon sexe, & mon honneur
Ma passion parut en trahissant mon cœur.
Ie sçauray bien leuer cette honteuse tache,
Qui par mon imprudence à ma gloire s'attache,
Et punir ce cœur bas de l'auoir entrepris,
Et par sa lâcheté merité vos mépris.

PHALANTE.

Ah! Madame cessez vn discours qui me tuë,
Pleust à Dieu visiez-vous mon ame toute nuë,
Et vous feriez sans doute vn iugement plus doux,
Des nobles sentimês qu'elle eut tousiours pour vous:
Si de quelque amitié vostre bonté m'honore,
Loing de la mépriser, Madame ie l'adore,
Et mon ressentiment la voudroit meriter,
Par le plus noble prix qui la puisse acheter:
Mais si vostre bonté me donne la licence
De redire à vos pieds deux mots en ma deffence,
Considerez Madame en l'estat où ie suis,
Et tout ce que ie dois, & tout ce que ie puis.
Suis-je priué du sens, & croyez vous qu'vn prince
Refugié chez vous, chassé de sa prouince,
Sans bien & sans appuy, que vos seules bontez,
Pût refuser l'honneur que vous luy presentez?

Si pour seruir d'obstacle à sa bonne fortune,
Il n'auoit de raison qu'vne raison commune,
Et pouuoit paruenir à ce dernier bon-heur,
Sans perdre Philoxene & se perdre d'honneur,
Considerez vn peu le nœud qui nous assemble,
Que par vn mesme coup nous perirons ensemble,
Et qu'vne inuiolable & parfaite amitié,
N'en a formé qu'vn tout, dont il est la moitié.
Outre ce beau lien qui joignit nos deux ames,
A moy seul il fia le secret de ses flames,
Et ce parfait amy commit tout à ma foy,
N'attendant son salut que de vous & de moy.
Iugez si vous pourriez me conseiller vous mesme,
De violer ma foy, trahir celui qui m'aime,
Et contre ma parole, & contre l'amitié,
Massacrer mon amy sans honte & sans pitié.
Ah! Madame apres tout, vous aymez trop la gloire
Pour approuuer vous-mesme vne action si noire:
Et pour m'aymer encor si j'auois merité
L'honneur que vous m'offrez par vne lâcheté;
Certes pour estre aymé d'vne si grande Reyne,
Il faut estre sans tache, & tel que Philoxene,
Luy seul a merité l'honneur de vous seruir,
Luy seul merite vn bien qu'on ne luy peut rauir,
Et vous ne pouuez plus sans faire vne iniustice,
Luy refuser le prix qu'on doit à son seruice.
Sa vertu, son amour,

HELE.

TRAGEDIE.

HELENE.

Ces discours superflus
M'aigrissent contre luy, bien, bien, n'en parlons plus,
Deportez-vous d'vn soin qui n'est plus necessaire,
Cet importun me nuit, ie sçauray m'en deffaire,
Et le chasser si loin qu'auant que me reuoir,
Peut-estre on le verra rentré dans son deuoir.

PHALANTE.

Ah! Madame, songez.

HELENE.

Songez plustost vous-mesme.

PHALANTE.

Que Philoxene meurt.

HELENE.

Et Qu'Helene vous ayme.

PHALANTE.

Le lairrez-vous perir?

HELENE.

Verrez-vous mon trespas?

PHALANTE.

Pouuez-vous l'oublier?

E

PHALANTE, HELENE.

Ne l'oublierez-vous pas?

PHALANTE.

Prieray-je sans espoir?

HELENE.

Prierez-vous pour vn autre?

PHALANTE.

L'interest que i'y prends.

HELENE.

Esteindra-il le vostre?

PHALANTE.

Celuy de mon amy sera tousiours le mien,
Le bien qu'on luy fera sera mon propre bien,
Et si vous l'honorez d'vne amour parfaite,
Vous me rendez heureux au poinct que ie souhaite:
C'est moy qui sentiray l'effet de vos bontez,
L'empeschant de mourir vous me ressuscitez,
Et l'eleuant au poinct de sa gloire supreme,
A ce dernier bonheur vous m'eleuez moy-mesme.

HELENE.

Deportez-vous enfin de ce cruël dessein,

Ou me portez vous-mesme un poignard dans le sein,
Ce traittement de vous sera plus supportable
Que l'outrageux mespris dont vous estes coupable,
A cause qu'il me nuit vos soins officieux
A ce cœur irrité le rendent odieux,
Autrefois ie l'ay veu sans mespris & sans haine,
Maintenant ie mesprise, & ie hay Philoxene,
Et si cet insolent m'en vient entretenir,
De sa presomption ie le sçauray punir,
Et luy faire cognoistre

PHALANTE.

Ah! Madame.

HELENE.

Ah! Phalante.

PHALANTE.

Doit-on pas secourir

HELENE.

Vne Reyne mourante.

PHALANTE.

Ie fais ce que ie dois.

HELENE.

Ie fais ce que ie puis.

F ij

PHALANTE,

PHALANTE.

Iugez de mon deuoir.

HELENE.

Et voyez qui ie suis.

PHALANTE.

Vous estes en merite en beauté, grande Reyne,
Vn chef-d'œuure du ciel, mais i'ayme Philoxene,
Et par ma propre mort ie le dois secourir,
Sauuez-le par pitié.

HELENE.

Ie ne puis sans mourir,
Et sans m'assasiner vous ne pouuez encore
M'entretenir de luy.

PHALANTE.

Madame il vous adore.

HELENE.

Et i'adore Phalante.

PHALANTE.

Il meurt.

TRAGEDIE.

HELENE.

Ie meurs aussi.

PHALANTE.

Que fais-tu miserable ! esloigne toy d'icy,
Ne persecute plus vne Reyne qui t'ayme,
Ne perds point ton amy, ne te perds point toy-mesme.
Amant infortuné, mal-heureux confident,
Et sauue ta vertu d'vn naufrage euident.
Elle rend les abois.

HELENE,

Enfin l'ingrat balance,
Amour en ma faueur témoigne ta puissance :
Fay grand Dieu quelque effort sur ce cœur endurcy.

PHALANTE.

Ie prends congé, Madame, & m'esloigne d'icy,
Pour regretter ailleurs ma mauuaise fortune,
Qui vous rend mon discours & ma veuë importune.

F iij

SCENE III.

HELENE.

VA cruël, va plus loin signaler ta rigueur,
Et sors de ma presence ainsi que de mon cœur,
Ie ne veux plus aymer un ingrat qui me tuë,
Contre ma passion ma vertu s'éuertuë,
Et me tirant enfin de mon aueuglement,
Fait ceder mon amour à mon ressentiment,
Tes mespris insolens ont attiré ma haine,
I'ay vescu, ie veux viure, & veux mourir en Reyne,
Et reprendre l'éclat de cette dignité
Que ie deshonorois par une lascheté.
Ce n'est qu'en ta faueur que ie me suis trahie,
Parce que ie t'aymois cruel, tu m'as haie,
Receuant un amour auecque du mespris,
Qui de mille trauaux deuoit estre le prix :
Cent Princes mes voisins, dont la haute puissance
A cent peuples sousmis sous leur obeïssance,
Plus releuez que toy de merite & de rang,
La voudroient acheter au prix de tout leur sang.
Ie n'aymois rien que toy, tu m'as seul mesprisée,
Ie te donnois mon ame, & tu l'as refusée,
Estimant peu le bien qu'on t'auoit presenté,

TRAGEDIE. 47

Parce qu'on te l'offroit sans l'auoir merité :
Mais ne t'abuse plus monstre d'ingratitude,
I'ay brisé cette lasche & vile seruitude,
Vn moment m'a guerie, & mon cœur satisfait,
Pour reparer sa faute, abhorre qui le hait.
C'est par aueuglement que ie fus embrasée,
Ie te treuuois aymable, & i'estois abusée.
Ma raison qui reuient fait voir à mon esprit,
Luy monstrant tes deffaux, l'erreur qui le surprit.
La cognoissance enfin de mon ame t'efface,
L'aueuglement t'y mit, & la raison t'en chasse,
Te rendant odieux à cet esprit remis
Plus que le plus cruël de tous mes ennemis.
 Foibles raisonnemens dont ie me fortifie,
Retirez-vous de moy, l'insolent m'en défie,
En vain vostre secours me le rend odieux,
Et si-tost que l'ingrat reuient deuant mes yeux,
Quelque ressentiment dont ie sois animée,
Foibles raisonnemens vous allez en fumée.
Pardonne, cher Phalante, à ma temerité,
Crois que ie me repens de l'auoir attenté,
Et si dans mon transport i'ay fait quelque blasphe-
 me,
Que mon ressentiment l'a fait contre moy-mesme.
Ie t'ayme tout cruël & tout mécognoissant,
Et cette viue ardeur que mon ame ressent,
Quelque excez de malheur dont elle soit suiuie,
Ne treuuera de fin qu'en celle de ma vie.

PHALANTE,

En vain de ces desdains tu t'armes contre moy,
Ce cœur si mal traité n'a brûlé que pour toy,
Rien ne peut partager vne ame toute entiere,
Et sa premiere ardeur doit estre la derniere.

Helene, pauure Helene, a quoy te resous-tu?
Songes à ce que tu fais, r'appelles ta vertu,
Et par des actions fatales à ta gloire
Ne deshonore point vne illustre memoire,
Reuien à ton deuoir, songe à ce que tu fus,
Ah! raison, ah! deuoir, ne m'importunez plus,
De vos foibles conseils mon ame est incapable,
Et pour vous escouter Phalante est trop aymable.
Ie l'ayme, ma raison, & ie le veux aymer,
Enfin c'est vn buscher qui me doit consommer:
C'est vn feu qui me plaist, & ie serois marrie
Si du mal qu'il me fait mon ame estoit guerie.

SCENE

TRAGEDIE.

SCENE IV.

PHILOXENE, AMINTE, HELENE.

PHILOXENE.

Que fait la Reyne, Aminte?

AMINTE.
Elle est triste.
PHILOXENE.
Et de quoy.

HELENE.

Ah! que mal à propos l'importun vient à moy,
Ie luy montreray bien qu'il desplaist à la Reyne,
Et du mal qu'il me fait il portera la peine.

PHILOXENE.

Puis-je bien approcher de vostre Majesté,
Et diuertir ses soins sans importunité?
Quelque nouueau chagrin paroist sur son visage,
Pleust aux Dieux que ie peusse en tirer auantage,

G

PHALANTE,

Et que cette douleur dont ie sens la moitié,
Fut dans vostre belle ame vn effet de pitié.

HELENE.

C'est plutost vn effet de cholere & de haine,
Souuenez vous enfin que ie suis vostre Reyne,
Et que vous deportant de vos soins superflus,
Vous deuez vous cognoistre, & ne me facher plus.

PHILOXENE.

Bien que ie me cognoisse, & que dans vostre estime
Ma passion aueugle ait passé pour vn crime,
Ie ne suis pas sorty des termes du deuoir,
Et si vostre bonté m'en donne le pouuoir,
Ie vous diray Madame auec quelque licence,
Que cette passion ne vous fait point d'offence.
Bien que ie sois sujet, on sçait assez mon rang,
Que parmy vos vassaux ie suis prince du sang:
Qu'autresfois mes ayeulx ont porté la couronne,
Et qu'en me regardant ie ne cognoy personne
De ceux que la naissance a mis sous vostre loy,
Qui de sang & de biens ne soit plus bas que moy.
Mais ce n'est point par là que mon cœur se propose
De pouuoir pres de vous meriter quelque chose,
Mon amour seulement m'a donné cest espoir,
Et depuis que ie sers par vn double deuoir,
Dans vne passion si sainte & si fidele,
Ie vous ay témoigné tant d'ardeur & de zele.

TRAGEDIE.

Et sans en murmurer i'ay tant souffert pour vous,
Que j'ay creu meriter vn traitement plus doux,
Accordez-le, Madame, à ma perseuerance:
Et donnez par pitié.

HELENE.

Perdez-en l'esperance.
Et si par mes bontez vous en auez conçeu,
Croyez que jusqu'icy vous vous estes deçeu,
Si c'est par des deuoirs que vostre amour espere,
Sçachez qu'il n'a rie͂ fait que vous ne deußiez faire,
Que ie souffre vos soins, mais que ie les reçoy,
Non pas comme il vous plaist, mais comme ie le doy:
Ne parlez donc jamais d'vne amour qui m'offence,
Et si vous osez plus enfreindre ma deffence,
Soyez tres-asseuré que ie vous feray voir
Et quelle est vostre faute, & quel est mon pouuoir.

PHILOXENE.

Vostre pouuoir est grand, & ma faute est plus gra͂de;
Mais si pour l'expier, c'est mon sang qu'on demande,
I'espargneray la peine à vostre Majesté,
De me faire punir de ma temerité.
Cent fois en vous seruant on me l'a veu répandre,
Et puis que cest arrest me le fait trop comprendre,
Et que dans vos discours ie voy vostre desir,
Mon ame obeyssante y court auec plaisir,
Ie quitte sans regret vne vie importune,

PHALANTE,

Ma perte seulement establit ma fortune,
Et ie meurs trop heureux puis que dans mon trespas
Ie vous rends vn deuoir qui ne vous déplaist pas:
Pour le moins ce bonheur dont ma mort est suiuie,
M'est plus aduantaguex que tous ceux de ma vie,
Viuant ie vous dépleus, ie vous plais en mourant,
Et ie vous rends encore vn seruice assez grand,
Puis que par mon trespas i'asseure les delices,
De celuy qui reçoit le prix de mes seruices:
Ie porte le respect dans vne extremité,
Où par vos traitemens ie suis precipité,
Et mon ressentiment me force de vous dire
Qu'vn autre plus heureux a ce que ie desire:
Et malgré mon amour, ma constance & ma foy,
Emporte le beau prix qui n'estoit deu qu'à moy.

HELENE.

Osez-vous me parler auec tant d'insolence?
Sortez audacieux, sortez de ma presence,
Et n'importunez plus vn esprit irrité,
Qui puniroit enfin vostre temerité:
Mais sçachez pour borner vostre inutile attente,
Que vos soupçons sont vrais, que i'adore Phalante,
Et que vous auriez eu des traitemens plus doux,
En me parlant pour luy comme il parle pour vous.

PHILOXENE.

Phalante, ah! le perfide.

TRAGEDIE.

HELENE.

Euitez ma cholere,
Et si vostre fureur vous porte à luy déplaire,
Sçachez que ie l'appuye, & que i'ay le pouuoir
De punir vn subjet qui sort de son deuoir.

Fin du Troisiesme Acte.

ACTE IV.

SCENE PREMIERE.

CLEOMEDE. ARATE. TIMANDRE.
HELENE.

CLEOMEDE.

Nfin ce sont les vœux de toute la province,
Vos fideles sujets vous demandent vn prince;
Et d'vn commun accord vous prient par ma voix,
De faire viure en vous la race de nos Roys.
Ce n'est pas qu'en effet le peuple & la noblesse
Treuuent en vostre regne aucun trait de foiblesse,
Et que l'on n'y remarque auec estonnement
Les plus heureux succez d'vn bon gouuernement:

TRAGEDIE.

On ne regna jamais auec plus de iustice,
Et jamais Souuerain ne maintint sa police
Auec plus de prudence, & plus d'authorité,
Qu'on la voit maintenir à vostre Majesté:
Depuis le bon succez de nos dernieres guerres,
Vous auez establi le repos dans vos terres,
Et par vne honorable & glorieuse paix,
Vous leur auez donné le calme pour jamais.
Tout le monde l'admire en ce sexe, en cet aage,
Et toutes ces raisons m'animent dauantage,
A vous importuner & vous prier pour tous
De nous donner vn jour des Roys sortis de vous.

ARATE.

De vos predecesseurs la recente memoire
Vit encor dans nos cœurs auecque tant de gloire,
Et laisse dans Corinthe vn si beau souuenir,
Que la suite des ans ne l'en sçauroit bannir:
Le feu Roy vostre pere, & tous vos bons Ancestres,
Que ce Royaume illustre à cogneu pour ses Maistres,
Bien qu'ils soient morts pour nous ont laissé desor-
    mais
Vn amour parmy nous qui ne mourra jamais.
Ce sacré souuenir, Madame, vous oblige
A conseruer en vous le reste d'vne tige,
De qui le sang illustre à la posterité
A regné parmy nous auec tant de bonté.
Considerez les vœux d'vn peuple qui desire,

PHALANTE,

Qu'à jamais vostre sang gouuerne cet Empire,
Et qui ne verra point sans mourir mille fois,
Au trône hereditaire esleuer d'autres Roys.

TIMANDRE.

Lors que par vn mary vous serez soulagée,
De ce pesant fardeau, vostre ame dégagée,
Dans vn calme profond goustera le repos,
Qu'vn soing continuel luy trouble à tout propos,
D'vn peuple satisfait vous serez reuerée,
Et d'vn prince obligé vous serez adorée :
Qui trouuant à vos pieds vn empire plus doux,
Y mettra le bandeau qu'il receura de vous.
Vous donnerez vn Roy de qui vous serez Reyne,
Il vous reconnoistra comme sa Souueraine :
Et conseruant le rang & l'estat d'aujourd'huy,
Plus que sur vos sujets vous regnerez sur luy.

HELENE.

I'approuue vos souhaits, & vous veux satisfaire,
Mais assez d'importance est jointe à cette affaire,
Pour vouloir qu'on y songe encore vn peu de temps,
Adieu, dans peu de jours ie vous rendray contens.

TIMANDRE.

Dieux ! rendez son dessein tel que ie le desire.

SCENE

SCENE II.

HELENE. TIMANDRE.

HELENE.

Timandre demeurez, i'ay deux mots à vous dire.

TIMANDRE.

Quel espoir pour mon fils cache tes sentimens,
Voulez-vous m'honorer de vos commandemens?

HELENE.

Ie vous veux aduertir de la haute insolence
De vostre Philoxene.

TIMANDRE.

O Dieux!

HELENE.

     Son imprudence
N'a pas craint aujourd'huy de me desobliger:
Mais sans vostre respect ie m'en sçaurois vanger.

H

PHALANTE,

C'eſt vous ſeul que i'eſtime & que ie conſidere,
Et la faute du fils ie la pardonne au pere,
Sans crainte & ſans reſpect, l'inſolent à mes yeux
A menacé Phalante, a fait le furieux,
Et m'a fait, l'imprudent, vn reproche à moy-meſ-
   me,
Que j'ay ſouffert de luy parce que ie vous ayme.

TIMANDRE.

Il a tort de déplaire à voſtre Majeſté,
Mais dans le deſeſpoir où vous l'auez jetté,
Par les cruels effets d'vne rigueur extreme,
Il ne recognoit plus ſon deuoir ny ſoy-meſme :
L'aueuglé dans l'eſtat où vous l'auez reduit,
Receura mes leçons auec fort peu de fruit :
Et ne recouurera ſa ſageſſe premiere
Q'au funeſte moment qu'il perdra la lumiere.
Helas! qu'ay-je commis dans vn gouuernement,
Où j'ay conſideré voſtre bien ſeulement ?
Qu'ay-je fait contre vous pour plonger ma vieil-
   leſſe
Dans vne ſi ſenſible & mortelle triſteſſe,
Pour me priuer d'vn fils dont l'appuy m'eſt ſi doux,
Et de qui tout le crime eſt de mourir pour vous?
Vn feu plein de reſpect le rend-il ſi coulpable?
Peche-t'il d'adorer vn ſujet adorable?
Et ſa condition le met-elle ſi bas,
Que ſa preſomption ſoit digne du treſpas?

Ah! vous cognoissez mieux son rang & sa naissance,
L'amour d'un tel sujet ne vous fait point d'offence.
Et mesme le feu Roy dans vostre âge plus bas,
En vid les fondemens qu'il ne condamna pas.
On ne peut mépriser son sang ny sa personne,
Et son deffaut enfin n'est que d'vne couronne.

HELENE.

Timandre c'est assez, ce discours me déplaist,
Et ie le hay tout Prince & tout braue qu'il est :
Sa derniere action, & sa haute insolence,
M'ont assez témoigné qu'il perd la cognoissance :
Mais s'il ne se remet dans son premier deuoir,
Quelque Prince qu'il soit, il verra mon pouuoir.
Deuant moy l'orgueilleux a menacé Phalante,
Vous sçauez son caprice & son humeur boüillante,
Gardez qu'il ne s'attaque à ce Prince estranger
Puis que ie le protege, & le sçauray venger.

H ij

SCENE III.

PHILOXENE.

Reste d'vne amitié, que le traistre a blessee,
Vains restes d'amitié, sortez de ma pensee,
Et ne tourmentez point, souuenirs superflus,
Vn cœur desesperé qui ne vous cognoist plus.
Malheureuse amitié dans nos ames esteinte,
Va retrouuer Phalante, & luy faire ta plainte,
Ce traistre le premier a violé sa foy,
Et ie suis le dernier qui peche contre toy,
Quitte donc pour jamais vne ame desolée,
Et ne l'accuse point de t'auoir violée,
Cet esprit innocent ne se sent point touché
Par le moindre remords d'vn semblable peché,
Et pour te témoigner comme il te fut fidelle,
Amitié violée il prendra ta querelle :
Il perdra la lumiere, ou punira l'ingrat,
Qui de tes saintes loix a fait si peu d'estat,
Et sans craindre l'horreur dont sa faute est suiuie,
T'a le premier enfrainte aux dépens de ma vie.
Monstre d'ingratitude & d'infidelité,
Regarde en quel estat tu m'as precipité ?

TRAGEDIE.

Regarde desloyal de combien de supplices,
Ou de combien de morts tu payes mes seruices?
Mais ne te vante pas, monstre de cruauté,
De m'arracher la vie auec impunité:
Perfide en quelque endroit que le Soleil t'éclaire,
Rien ne te peut rauir à ma juste cholere:
Cherche pour ton salut cent aziles diuers,
Ou monte dans les cieux, ou descens aux enfers.
Le ciel, ny les enfers, ny la terre, ny l'onde,
Te deussent-ils cacher aux yeux de tout le monde,
Ne te sçauroient cacher à mon iuste courroux;
I'arracheray ce cœur percé de mille coups,
Et goustant dans sa veuë vne derniere joye,
Ie mourray satisfait, pourueu que ie le voye.
Que ie puisse à ce cœur noircy de lâchetez,
Reprocher en mourant ses infidelitez,
Et lauer dans ton sang la faute que i'ay faite,
D'honorer vn ingrat d'vne amitié parfaite.

H iij

SCENE IV.

PHALANTE, ARBANTE,
PHILOXENE.

PHALANTE.

Laissez-moy seul, Arbante?

PHILOXENE.

O grands Dieux ie le voy.

ARBANTE.

Ie vous suiuray, Seigneur.

PHALANTE.

Arbante laisse-moy.

PHILOXENE.

Il faut mourir perfide.

PHALANTE.

O Dieux!

TRAGEDIE

PHILOXENE.

     Deffends toy traistre,
Cette confusion que tu me fais paroistre,
Est vn effet leger du remords que tu sens,
Mais il en faut mourir.

PHALANTE.

     Estes-vous hors du sens
Amy ?

PHILOXENE.

  Quitte ce nom que ton crime viole,
Homme sans cœur, sans foy, sans honneur, sans pa-
 role,
Ce nom ne t'est plus deu.

PHALANTE.

    Bons Dieux ! ie suis confus,
Philoxene, deux mots, ne me cognois-tu plus ?

PHILOXENE.

Ouy ie te cognois trop, & cette cognoissance
Arme ce bras vangeur.

PHALANTE.

     Contre mon innocence.

PHALANTE.

PHILOXENE.

Ton innocence traistre, ah! c'est estre innocent,
De violer sa foy, de trahir vn absent,
Et d'oster lâchement par haine ou par enuie,
A son meilleur amy le repos & la vie;
C'est là ton innocence, & c'est trop discourir,
Resous toy desloyal à tuër ou mourir.

PHALANTE.

A mourir ie suis prest, mais ce danger extreme
Ne m'armera jamais contre vn autre moy-mesme,
Et tu verras ce fer se tourner contre moy,
Plutost que ton amy s'en serue contre toy.
Mon amitié persiste inuiolable & sainte,
Bien que ton action ne l'ait que trop enfreinte,
Et que ce traitement soit bien rude pour moy,
Mais souffrant d'vn amy ie fay ce que ie doy:
Et puis que de mon sang ton ame est alterée,
Ta vengeance déja n'est que trop differée,
Et tu peux sans obstacle acheuer ton dessein,
Puis que pour t'y seruir ie te tendray le sein.
Frappe cet estomac, perce ce cœur perfide,
Croy que mon amitié t'absout d'vn parricide,
Et que malgré l'erreur qui te rend inhumain,
Ie ne mourray jamais d'vne plus chere main:
Mais auant qu'en ma mort ton cœur se satisfasse,
Accorde pour le moins cette derniere grace

TRAGEDIE.

Au souuenir d'vn bien de ton ame effacé,
De ne me cacher plus en quoy t'ay-je offencé,
Et si c'est quelque erreur où t'on ame demeure.

PHILOXENE.

Ouy, perfide il est iuste, & deuant que ie meure,
Ie te veux reprocher vne infidelité
Qui te rend detestable à la posterité,
Ie t'auois donc fié le secret de ma flame,
A toy seul, desloyal, j'auois ouuert mon ame,
Pour trahir ma franchise, & rechercher pour toy
Vn bien que tu feignois de souhaitter pour moy :
C'estoit donc l'amitié que tu m'auois promise,
C'est ce que ta bonté rendoit à ma franchise,
Et ce que tu deuois à toute ma maison,
Se deuoit donc payer par cette trahison?
Tu t'acquitois, ingrat, en m'enleuant Helene,
Et portant mille morts

PHALANTE.

    C'est assez Philoxene,
Ie t'entends, mais les Dieux, iuges de tous mes
 soins,
Sont de mon proceder veritables tesmoins :
Que leur courroux éclate, & que d'vn coup de fou-
 dre
A cette heure à tes yeux ils me mettent en poudre,
Si ie ne t'ay seruy dans cette occasion

I

Auec plus de franchise & plus d'affection
Que jamais un amy.

PHILOXENE.

Ie n'en suis plus en doute,
Cherche pour t'excuser un autre qui t'écoute,
Deffends-toy seulement : quoy tu manques de cœur ?
Ah ! lasche deffends-toy, ie te perdray d'honneur,
Et faisant à ta gloire une eternelle tache,
Ie publiray par tout

PHALANTE.

Ah ! ie ne suis point lâche,
Tu le sçais Philoxene, & tu m'as veu souuent
Dans de plus grands perils engagé trop auant,
Pour conseruer de moy cette indigne creance.
Si d'autres me faisoient une semblable offence
Ie la repousserois au lieu de m'excuser,
Tu le deurois cognoistre au lieu d'en abuser,
Et dans un proceder qui te doit satisfaire,
Voir que ie fais pour toy plus que ie ne dois faire.

PHILOXENE.

Tu dois mourir perfide, ah ! c'est trop écouter,
Apres des trahisons dont ie ne puis douter :
I'en suis trop bien instruit, mets toy donc en deffence,
Et témoigne à ta mort un peu de resistance,
Bien que ma main resiste & s'arme contre toy,

TRAGEDIE.

Sçache que tous les coups s'adresseront à moy:
Et que tu me contraints de tirer vne espée
Que dans mon propre sang i'eusse plustost trempée.

PHALANTE.

Les Dieux me sont tesmoins que i'ay souffert de toy
Plus que tu n'esperois & plus que ie ne doy,
Et que sans ressentir vne douleur extreme
Ie ne puis me porter contre vn homme que i'ayme:
Mais puis qu'il faut venir à cette extremité,
Cherchons pour t'assouuir vn lieu plus escarté,
On nous peut descouurir du quartier de la Reyne,
Ce bois est plus commode, entrons-y Philoxene.

SCENE V.

TIMANDRE, ARBANTE, CLEOMEDE.

TIMANDRE.

Dieux ! que mon fils est prompt, & que sa folle humeur
A ses meilleurs amis va causer de douleur !
Dans les bouillans transports d'vne aueugle cholere,
Il n'escoute raison, ny conseil, ny priere.
Et suit de sa fureur l'aueugle mouuement :
O ieune homme insensé !

I ij

PHALANTE,

CLEOMEDE.

Courons-y promptement,
Icy la diligence est assez importante,
Arbante en quel endroit as-tu laissé Phalante?

ARBANTE.

Presque en ce mesme lieu, mais à mon grand regret,
Lisant dans son visage vn deplaisir secret,
Que ses yeux & son teint ne font que trop paraistre,
I'ay bien veu Philoxene approcher de mon maistre.

CLEOMEDE.

N'as-tu rien entendu?

ARBANTE.

I'estois trop esloigné,
Et mon maistre en partant ne m'a rien témoigné
Qui me fist redouter de les laisser ensemble,
Estans si bons amis, ie croyois

TIMANDRE.

Dieux ie tremble!
Courons, ah! que ie crains que ce ne soit trop tard,
Grands Dieux! guidez mes pas.

CLEOMEDE.

Courez d'vne autre part.

SCENE VI.

PHILOXENE. PHALANTE.

PHILOXENE blessé à mort & tombant.

LA iustice des Dieux en ta faueur éclate,
Et leur courroux enfin punit vne ame ingrate.

PHALANTE.

Philoxene.

PHILOXENE.

Ie meurs, & ma temerité
Reçoit enfin le prix qu'elle auoit merité;
Ie meurs, mais d'vne mort qui n'est pas assez rude
Pour punir cest ingrat de son ingratitude.

PHALANTE.

Helas! ie reculois & ie parois tes coups,
Et toy seul transporté d'vn trop boüillant courroux,
Mesprisant vne espée à son maistre infidelle,
Tu t'es precipité dans sa pointe mortelle.

PHILOXENE.

Phalante, les Dieux seuls m'ont mis en cét estat,
Mais si tu peux encore escouter vn ingrat,
Et si le souuenir d'vne amitié passée
Me peut encor laisser vn lieu dans ta pensée,
Pardonne, cher Phalante, à mon ressentiment,
Ie reconnois mon crime & mon aueuglement,
I'eus tort de soupçonner vne vertu si haute,
Mais puis que ie reçoy la peine de ma faute,
Et laue de mon sang le mal que i'ay commis,
Souffre qu'à mon trespas nous demeurions amis,
Et que rien ne separe vne amitié si sainte,
Ie l'ay par mon erreur indignement enfreinte,
Mais croy s'il m'est permis apres ce que i'ay fait,
Que mourant ton amy, ie mourray satisfait.

PHALANTE.

Quelque viue douleur que mon visage exprime,
N'espere point de moy que i'excuse mon crime,
Et que par ma douleur ou par quelque raison
I'implore ta bonté pour auoir vn pardon.
Ie cognois trop ma faute, & ceste main barbare
A fait vne action qu'il faut qu'elle repare.
Elle a versé ton sang & demande le mien,
L'amitié qui joignit mon cœur auec le tien
De liens eternels nos deux ames assemble,
Et veut qu'apres la mort nous demeurions ensemble.

TRAGEDIE

Ie repare mon crime & suis son mouuement,
L'vn & l'autre se peut par ma mort seulement.
I'embrasse donc la mort, & ie ne la differe,
Que par la volonté de te mieux satisfaire:
Escoute donc amy, si ce nom m'est permis,
Apres l'assassinat que ma main a commis,
Escoute Philoxene, escoute ma priere,
Et croy que sans regret ie perdray la lumiere,
Si i'obtiens en mourant cette grace de toy,
Croy que iamais ce cœur ne t'a manqué de foy,
Et que ie veux souffrir les peines eternelles
Qui gesnent aux enfers les ames criminelles,
Si ie n'ay fait pour toy dans ma commission
Tout ce que ma promesse & ton affection
Ont iamais demandé d'vne amitié parfaite.

PHILOXEN

Helas! de ce costé mon ame est satisfaite,
Vous n'auez que trop fait, mais puisque par pitié
Vous me gardez encor cette entiere amitié,
Qui si peu meritée & si mal recogneuë
Dans l'offence & le sang s'est tousiours maintenuë,
Ne me refusez point pour mon soulagement
Ma derniere requeste à mon dernier moment:
Ie ne puis plus douter qu'Helene ne vous ayme,
Ie le sçauois d'ailleurs & l'ay sceu d'elle-mesme,
Vous le sçauez aussi, quoy que vostre vertu
Pour vn indigne amy contre elle ayt combatu.

PHALANTE,
Viuez pour la seruir, puis que les destinées
Trenchent pour son repos le cours de mes années,
Faites luy desormais vn traitement plus doux,
Vous estes digne d'elle, elle est digne de vous,
Et i'estois criminel en mettant quelque obstacle.

SCENE VII.

ARBANTE. CLEOMEDE. TIMANDRE.
PHALANTE. PHILOXENE.

ARBANTE.

Nous arriuons trop tard.

CLEOMEDE.

Dieux, le triste spectacle!

TIMANDRE.

Acheue, acheue ingrat, apres ta trahison,
Et te soüille du sang de toute ma maison,
Meurs ou me fais mourir.

PHALANTE.

Il est iuste Timandre.

Voicy,

Voicy, voicy le sang que vous deuez répandre,
Ie suis ce desloyal, ce cruel, cet ingrat,
Qui survis laschement à cet assassinat,
I'ay trahy vostre fils, & l'ay privé de vie,
Ne differez donc plus d'accomplir vostre enuie.
Regardez vostre fils, vangez-le, vangés vous,
Percez, percez ce cœur indigne de vos coups,
Vous qui vous opposez à sa iuste cholere,
Pourquoy retenés-vous les mouuemens d'vn pere.
Retirés-vous Arbante.

PHILOXENE.

Ah! mon pere, deux mots,
Et si vous desirés que ie meure en repos,
Ayez plus de respect pour vn autre moy-mesme,
Traictés mieux mon amy.

TIMANDRE.

Quoy, tu veux que ie l'ayme,
Celuy qui de ton sang rougit indignement,
Ce meurtrier de mon fils.

PHILOXENE.

Ah! ie meurs doublement.

TIMANDRE.

Ce monstre, ce cruel.

PHALANTE,
PHALANTE.

Encore plus Timandre,
Ce traistre, ce bourreau.

PHILOXENE.

Me voulez-vous entendre
Mon Pere? par ce nom & si cher & si doux,
Par la clarté du jour que ie receus de vous,
Et qui dans vn moment me doit estre rauie
Dans les bras de celuy de qui ie tiens la vie,
Aymés, aymés Phalante, autant ou plus que moy,
C'est vn amy sans tache.

PHALANTE.

Il t'a manqué de foy,
T'a trahy, t'a tué.

PHILOXENE.

Ce desespoir m'offence.

PHALANTE.

Non, non, si ce discours retarde sa vangeance,
S'il a si peu de cœur & si peu d'amitié,
Que d'espargner vn traistre indigne de pitié,
Ie supplée au deffaut d'vn Pere impitoyable,
Ceste main qui me reste en est desia capable,
M'ayant peu de ma vie enleuer la moitié.

TRAGEDIE.

Penses-tu que pour l'autre elle ayt plus de pitié?

TIMANDRE.

Ah! mon fils, seul appuy d'vne foible vieillesse,
Seul espoir de mes jours, crois-tu que je te laisse?

CLEOMEDE.

Il n'est plus temps de plaindre, il le faut secourir,
Emportons-le chez vous, il peut encor guerir.
Arbante assistez nous.

PHALANTE.

O pitoyable office,
Helas auec quel cœur te rends-je ce seruice!
Cher & noble fardeau d'vn mal-heureux amy
Dans ce reste d'espoir dois-je viure à demy?

K ij

ACTE V.
SCENE PREMIERE.

PHALANTE seul.

Sprit d'vn cher amy que ma main meur-
triere,
Pour me priuer de vie, a priué de lu-
miere,
Belle ombre qui là bas errante sans soucy,
Es exempte des maux que ie ressens icy,
Si des restes d'amour t'ont defendu de boire
L'onde qui pour iamais enleue la memoire,
Leue les yeux amy pour voir le triste estat
Où l'horreur de son crime a reduit cet ingrat,
Voy ce profond silence, & voy quelles tenebres
Accompagnent mon deüil & mes deuoirs funebres;

TRAGEDIE.

Icy tout retiré de la Cour & du bruit,
Ie me couure auec toy d'vne eternelle nuit,
Et fuyant la clarté que ma main t'a rauie,
Ie traifne à ton cercueil vne mourante vie,
Iufqu'à ce que mon deüil en retranche le cours,
Et que ie te rejoigne au dernier de mes iours:
Regrets, iuftes regrets, repentirs legitimes,
Ah! que vous eftes lents à la peine des crimes,
Que vous m'eftes cruels me paroiffans fi doux,
Et que vous differez ce que i'attends de vous:
Mais tu fouffres encor remords lent, remords lafche,
Qu'vne autre paffion à mon ame s'attache,
Et que dans les tombeaux, le filence, & l'horreur,
L'amour fe mefle encore auecque la douleur,
Helas dans vn cercueil où mon amy m'appelle,
Ne me tourmente plus paffion criminelle!
Fay place à ma douleur, fay place à ma raifon,
Amour, ingrate amour, tu n'es plus de faifon,
Ce n'eft point dans ces lieux folitaires & fombres,
Le fiege de la mort, & le fejour des ombres,
Où tant de paffions tyrannifent mon cœur,
Que tu cherches vn trofne enuironné d'horreur:
Icy le defefpoir s'eftablit & te chaffe,
La terreur, le remords ont occupé ta place,
Et te laiffant choifir des Empires meilleurs,
Ils te difent Amour que tu regnes ailleurs.
Miracle de beauté, Princeffe infortunée,
Que ie pleure ton fort, pleurant ma deftinée,

K iij

Et que ie reſſens bien que le Ciel fut cruel
D'embraſer nos deux cœurs d'vn amour mutuel,
Et par la ſimpathie exciter dans nos ames
De pareils mouuemens & de pareilles flames :
S'il n'allumoit en nous ce funeſte flambeau,
Que pour en eſclairer ta perte & mon tombeau,
Donc pour paroiſtre amy iuſques dans la mort meſ-
    me,
Il faut que ie te fuye encore que ie t'ayme,
Et qu'abhorrant mon bien & ton contentement
Ie face le cruel contre mon ſentiment.
Faudroit-il quand le ciel n'auroit mis dans mon ame
Pour vn ſi digne objet vne ſi belle flame,
Que ie paruſſe ingrat aux bonnes volontés
Dont tu m'as ſoulagé dans mes aduerſités ?
Tu m'offres tes Eſtats, tu m'offres ta Couronne,
Et ce qui m'eſt plus cher, tu m'offres ta perſonne.
Et ne deſdaignant point de te donner à moy,
Tu faits de ton captif ton eſpoux & ton Roy.
Cependant pour le prix d'vne bonté ſi rare,
Ie ſuis ingrat, cruel, inhumain & barbare,
Et malgré mon amour, & la ciuilité,
Ie te traicte, ma Reine, auec indignité,
I'ay ſi mal ſatisfait ta derniere viſite
Et mes diſcours glacez t'ont ſi fort interdite,
Que demeurant confus de ton ſoudain départ,
I'ay leu ton deſeſpoir dans ton dernier regard.

TRAGEDIE.

Malgré toy tes beaux yeux ont versé quelques lar-
    mes,
Et ce Tygre l'a veu sans mettre bas les armes.
Ceste ame de rocher, ce courage endurcy,
A veu couler tes pleurs sans en respandre aussi.
Ah! Phalante, c'est trop, il est temps de se rendre,
Desormais ta valeur n'est plus à te deffendre,
Ton amour jusqu'icy cede à ton amitié,
Bien resiste à l'amour, mais cede à la pitié.
Ouy, sauue par pitié ceste adorable Reyne,
Tu le peux desormais sans nuire à Philoxene,
Tu le peux desormais sans troubler son repos,
Mesme s'il t'en souuient ce sont ses derniers mots,
Et cet amy fidele en perdant la lumiere,
En te disant adieu, t'a fait cette priere.
Contente ton deuoir, contente ton amy,
Et puis qu'il l'a voulu, vy pour Helene, vy,
Ton amy te l'ordonne il faut l'aymer & viure;
    O lasche mouuement, meurs plustost pour le sui-
    ure,
Philoxene n'est plus, mais tu l'as fait mourir,
Fuy le jour, fuy la honte, & songe à te guerir.
Quoy tu pourras souffrir que tout le monde die
Que Phalante est heureux par vne perfidie?
Qu'il joüit de son crime & qu'il perça le sein
A son meilleur amy pour ce lasche dessein.
Pardon, cher Philoxene, ame illustre, ame chere,
D'vn indigne penser le te veux satisfaire,

Il est comme vn esclair dans mon ame passé
Il se formoit à peine & tu l'as effacé,
Mais ie sçay qu'il t'offence & merite ta haine.

SCENE II.

ARBANTE, PHALANTE, AMINTE.

ARBANTE.

A Minte vous vient voir de la part de la Reyne.

PHALANTE.

Cruel redoublement à mes viues douleurs,
Reyne pour qui ie crains, Reyne pour qui ie meurs,
Quel soin te peut encor rester d'vne ame ingrate.

AMINTE.

Encor ce mouuement de quelque espoir me flate,
Il parle de la Reyne, ô Dieux changez ce cœur!

PHALANTE.

Aminte quel dessein.

AMIN

TRAGEDIE.
AMINTE.

Vous me voyez Seigneur
Par le commandement d'vne Reyne affligée.

PHALANTE.

Dieux, pourquoy par ma mort n'est-elle soulagée ?
Et ie la souffrirois auec tant de plaisir.

AMINTE.

Seigneur dans ce papier vous verrés son desir.

LETTRE D'HELENE
A PHALANTE.

Phalante lit.

SI tout ce que i'ay faict n'a pû vous esmouuoir,
Souffrés à mon trespas que ie me satisface,
Et que vous demandant le bon-heur de vous voir,
Pour la derniere fois i'obtienne ceste grace;
Ie n'attens plus que vous pour partir de ce lieu,
Que ie ne puis quitter sans vous dire vn adieu.

PHALANTE continuë.

Il est iuste, il est temps que la mort nous separe,
Mais toute sa rigueur n'est que pour ce barbare,
Ma Reyne, ton escrit m'enseigne mon deuoir,
C'est le plus doux arrest que i'en puis receuoir,

L

Allons dire vn adieu qui finit ma disgrace.
Il est iuste, il est temps que ie te satisfasse.

SCENE III.

ARATE, CLEOMEDE, HELENE *dans sa chambre assise sur son lit venant de prendre du poison.*

ARATE.

HA! Madame, voyez nos sensibles regrets,
Helas! que vous ont fait vos fideles suiects,
Qui vous puisse obliger par vn excez de haine
A les faire mourir dans la mort de leur Reyne ?
Ouy Madame mourir, vostre Empire est si doux,
Que ce Royaume entier doit perir auec vous :
Et quand par ceste mort vous leur serez rauie,
Ce coup enleuera leur repos & leur vie.
C'est ce qu'à leurs souhaits vous auiez donc promis,
C'est le sanglant arrest que vous auiez remis,
Et vos rigueurs, Madame, à leur douce semonce
Destinoient ceste ingrate & cruelle responce.
Helas! considerez à quelle extremité
Vous nous reduisez tous par ceste cruauté,
Et si vous dédaignez vn peuple qui vous ayme,
Considerez quel tort vous faites à vous mesme,

TRAGEDIE.

Combien on blâmera ce dessein furieux,
Combien ce desespoir irritera les Dieux,
Et de quelle importance est vne telle injure,
Et contre les grands Dieux & contre la Nature.

CLEOMEDE.

Destruirez-vous ainsi leur chef-d'œuure plus beau,
Et par vos propres mains mettrez-vous au tombeau
La plus grande, plus juste, & plus belle personne,
Qui parmy les mortels nous ayt porté la couronne.
Madame, par pitié songez encore à vous,
Vos fideles subjects vous en conjurent tous.
Ah ! ne refusez plus leur priere & leur ayde,
On peut encore au mal donner quelque remede,
Peut estre ce poison n'est pas si violent
Qu'on n'y puisse apporter.

HELENE.

Helas ! il est trop lent,
Et le cruel seruant mon ingrate fortune,
Laisse par trop durer vne vie importune :
Mais bien qu'il soit si lent à seruir ma douleur,
Ie sens bien mes amis qu'il approche du cœur,
Qu'il gaigne ceste noble & derniere partie,
Et que desia mon ame est prés de sa sortie.
Ne respandez donc plus tant d'inutiles pleurs,
Et ne me donnez point par vos viues douleurs
Celle de vous quitter, & ceste preuue insigne

L ij

PHALANTE.

D'vne fidelité dont ie me sens indigne,
Ne me regrettez point trop fideles sujects,
Ma derniere action condamne vos regrets,
Et par des laschetés dont le remords m'accable,
Du rang que i'ay tenu, ie me rends incapable:
Celle qui du deuoir a fait si peu d'estat,
Et qui s'est abaissée à prier vn ingrat,
Soubmettant à ses pieds son Sceptre & sa personne,
Est indigne à iamais de porter la Couronne,
Et de regner encor sur des gens comme vous,
Apres des laschetez qui les offencent tous.
Ceste seule raison m'a sans doute poussée
A vanger par ma mort ma dignité blessée,
Et satisfaire ainsi mon peuple & mon deuoir,
Plustost par la raison que par le desespoir.
Ce n'est point mes amis vne amour qui me porte
A donner de mon deüil vne preuue si forte,
Si ie mourois pour luy, l'ingrat seroit trop vain,
Et i'ay dans mon trespas vn plus iuste dessein,
Ie meurs pour me donner la peine qui m'est deuë,
Et ne suruiure point à ma gloire perduë.
Heureuse en mon trespas, si de vostre penser
La cause de ma mort se pouuoit effacer,
Et s'il peut parmy vous sauuer la renommée
De celle qu'autresfois vous auez tant aymée,
I'ay voulu mes amis vous voir tous en ce lieu,
Pour vous en supplier, & pour vous dire adieu.
Veüillent les immortels esleuer à ma place

TRAGEDIE.

Vn Roy digne de vous, & qui vous satisface
Par sa protection & par mille bien-faits
Autant que mon malheur vous a peu satisfaits.

ARATE.

Ah! discours qui me blesse au plus vif de mon ame.

DERNIERE SCENE.

PHALANTE, HELENE, ARBANTE, CLEONE,
ARATE, CLEOMEDE, AMINTE.

PHALANTE.

Qvel estrange spectacle?

CLEONE.

Ah! ie meurs.

CLEOMEDE.

Ah! Madame,
Vous pouués-vous resoudre à nous quitter ainsi?
Eh bien, nous vous suiurons.

HELENE.

O grands Dieux le voicy,

PHALANTE.

Ah! le cruel, mon cœur fremit à ceste veuë,
Et d'vn object si cher mon ame retenuë,
Bien que cet inhumain la presse de partir,
S'arreste sur le bord toute preste à sortir.
Approchez-vous Phalante, & si dans vostre haine
Vous estes insensible aux malheurs d'vne Reyne,
Que vostre cruauté met en ce triste estat,
Par ce funeste object soulez ce cœur ingrat.
Ie vous ay fait sortir de ces demeures sombres,
Où vous vous occupez à l'entretien des ombres,
Pour donner à vos yeux vn diuertissement,
Qui doit à vos douleurs seruir d'allegement,
Pour reparer ma faute & souler vostre haine,
Ie vay dans les enfers redire à Philoxene
Par quel traits de constance ou d'inhumanité,
Vous signalez encor vostre fidelité,
Puis que par mon trepas ie respare mon crime,
Et qu'il reçoit de vous vne telle victime;
S'il conserue pour nous quelque reste de foy
Il sera satisfait & de vous & de moy.
Pour vous, bien qu'il me reste vn suject assés ample,
D'accuser en mourant des rigueurs sans exemple,
Et qu'ayant merité des traitemens plus doux,
I'eusse quelque raison de me plaindre de vous, [ne,
Les Dieux me sont tesmoins que ie vous voy sās hai-
Et que de mon erreur ie vais souffrir la peine,
En demandant au Ciel pour dernieres faueurs,
Qu'il face prosperer l'ingrat pour qui ie meurs;

TRAGEDIE. 87

Viuez dans le repos où ma mort vous fait viure,
Les importunitez dont elle vous deliure
Ne viendront plus troubler vostre tranquillité,
Et n'esbranleront plus vostre fidelité.
I'ay pris pour ce dessein vn poison salutaire,
Qui doit lauer ma faute, & vous doit satisfaire,
Vous faisant auoüer que ie meurs à propos,
Pour l'honneur qui me reste & pour vostre repos.
Cependant si ie puis apres tant de prieres
Croire que vos bontez exaucent les dernieres,
Accordez moy ce bien quelque amour qu'il ayt eu
De croire que mon cœur adoroit la vertu,
Et que iamais peut estre vne plus saincte flame,
Ny de plus beaux desseins n'allumerent vne ame,
Si i'obtiens en mourant ceste grace de vous
Dans mon dernier moment mon sort sera plus doux,
Et mon ame aux enfers ira tres-satisfaite,
En ayant obtenu tout ce que ie souhaite.

PHALANTE.

Esprit de mon amy plein d'amour & de foy,
Toy qui sçais maintenant ce que i'ay fait pour toy,
Si de mes actions la derniere t'offence,
Pardonne à ceste amour qui me fait violence,
Puis que ne l'auoüant qu'à ceste extremité,
Ma mort va reparer mon infidelité.
Et vous Maistres des Roys, diuinités supremes,
Qui sçauez nos desseins beaucoup mieux que nous
 mesmes,

Vous fustes seuls tesmoins de mon affection,
Soyés-le aussi grands Dieux de ma confession,
Et lancés si ie ments sur ma teste coulpable
Ce que vostre cholere a de plus redoutable.
Chef d'œuure, le plus beau qui de la main des Dieux
Fut iamais enuoyé pour briller à nos yeux,
Lumiere de nos iours & que i'ay seul esteinte
Par vne deplorable & cruelle contrainte,
Grande Reyne l'amour de tout cest Vniuers,
Beauté que j'idolâtre & beauté que ie perds,
Tournez de vos beaux yeux la lumiere mourante,
Et voyez à vos pieds le desolé Phalante,
Prest à vous satisfaire auec ce mesme cœur,
Qui s'arma contre vous d'vne fausse rigueur;
Dans ces extremitez il n'est plus temps de feindre
L'estat où ie vous voy me permet de me plaindre,
Et de vous declarer ce que ce cœur noircy,
A tout le monde entier a caché iusqu'icy.
Quoy que ma passion cedat à ma contrainte,
Iamais ame ne fut si viuement attainte,
Et ne brusla d'vn feu si parfait & si beau
Que celuy qui m'enflame, & me guide au tombeau;
Bien qu'il souffrit pour vous d'vne ardeur violente;
Philoxene luy mesme aymoit moins que Phalante;
Vn mal qu'il descouuroit estoit beaucoup plus doux,
Il vous aymoit, Madame, & ie mourois pour vous,
Les Dieux, les bois, les fleurs, & les choses sans ame
Ont esté seulement confidens de ma flame,

Et seu-

TRAGEDIE.

Et seulement aux Dieux, à des fleurs, à des bois
Ce cœur desesperé s'est ouuert mille fois,
Depuis le premier iour mon ame vous adore,
La passion qu'elle eut & qui luy reste encore,
Preuint l'affection que vous eustes pour moy,
Mais auant mon amour i'auois donné ma foy.
Ma foy que mon mal'heur indignement viole,
Ou y i'estois engagé d'hōneur & de parole,
Et ie deuois seruir iusqu'à l'extremité,
Vn amy vertueux : Ie m'en suis acquité,
Ou pour le moins i'ay fait ce que ie pouuois faire,
Pour garder ma parole & pour le satisfaire.
Et i'ay pour le seruir trahy mon sentiment,
Sacrifiant ma vie à son contentement,
Ie l'ay deu, ie l'ay fait, ô souuenir funeste!
Vous le sçauez Madame, & vous verrez le reste.
En vain pour mon amy i'ay fait ce que i'ay peu,
Vous verrez si pour vous i'ay fait ce que i'ay deu.
Mon mal'heur m'a rendu cruel à ce que i'ayme,
Ie l'ay perdu, vous perds, & me perdray moy-méme,
Ce coulpable innocent a peché par malheur,
Son amy pardonna son crime à sa douleur.
Il vit son desespoir & creut son innocence,
Mais ie dois autrement reparer mon offence.
Et vos bontés en vain me voudroient pardonner,
Puisque par tout mon sang ie ne puis redonner
A Timandre son fils, à ce peuple sa Reyne,
Que ie suis un object d'horreur, d'effroy, de hayne,

M

Pagination incorrecte — date incorrecte

NF Z 43-120-12

PHALANTE,

Et que moy seul, ô Dieux! ay mis dans le tombeau,
Ce que pour moy la terre eut d'aymable & de beau.
I'ay perdu l'vn & l'autre, & les veux satisfaire,
Vous peuple à qui i'enleue vne Reyne si chere,
Suject infortuné de qui le deuil profond,
Comme il est dans vos cœurs se lit sur vôstre front,
En detestant l'ingrat qui vous l'aura rauie,
Considerez aussi les malheurs de sa vie.
Et vous ressouuenez que pour vous contenter
Vos yeux dessus ce fer l'ont veu precipiter,
Et que sa mort est douce en reparant son crime.

HELENE.

O reparation qui n'est plus legitime,
Ah! Phalante.

ARBANTE.

Ah! mon Maistre, ô malheur de mes iours!
Helas! assistés-moy.

PHALANTE.

I'abhorre ton secours.

HELENE.

Ah! cruel à moy seule, & non pas à toy-mesme,
Qui te donnes la mort à cause que ie t'ayme,
Pour me perdre deux fois, faisant vn double effort,
Et cruel dans ta vie, & cruel dans ta mort.

TRAGEDIE.

Acheue, acheue ingrat, & s'il te reste encore
Vn rayon de pitié pour celle qui t'adore,
Finis ton homicide & preste en ma faueur
Et ton fer & ta main pour en percer ce cœur,
C'est là qu'il faut donner la derniere blessure,
Et que tu dois percer ta viuante figure,
Ta derniere retraite est dans cette prison
Cherche toy la, cruel, & preuien le poison,
Il est lasche, il est lent, suppleons,

PHALANTE.

Ah ! Madame,
De grace en ce moment où ie vous rends vne ame
Toute pleine de zele & d'amour & de foy,
Ne me condamnez point, ie fay ce que ie doy,
Le plus iuste regret dont ma mort est suiuie,
C'est que pour m'aquiter ie ne perds qu'vne vie,
Et qu'ayant fait mourir ma Reyne & mon amy,
Ie ne puis en mourant les payer qu'à demy.
Ie perds la voix, adieu receuez

HELENE.

Ah ! Phalante.

ARBANTE.

Ah ! Seigneur.

PHALANTE
HELENE.

Il est mort, & moy ie suis viuante,
Et l'effort du poison est si foible & si lent,
Pour me faire mourir d'vn coup plus violent,
Bien que par ton moyen ma mort soit asseurée,
Ie te maudis cruel qui l'as tant differée,
Et qui par ton secours me pourrois garantir
Du regret qui me tuë auant que de partir.
Ah! ie sens son approche, vne mortelle glace
Gagne desia mon cœur & l'ame qu'elle chasse,
V à rejoindrr Phalante au partir de ce lieu,
Adieu mes chers amis ne pleurez plus, Adieu.

FIN.

www.ingramcontent.com/pod-product-compliance
Lightning Source LLC
LaVergne TN
LVHW050640090426
835512LV00007B/942